LE
BUDGET RÉPUBLICAIN

PAR

G. HUBBARD

PREMIÈRE ÉDITION

N° 41. — PRIX : **15** cent.; par po te, **20** cent.

PARIS

GERMER-BAILLIÈRE, 103, boulevard St-Germain

LE
BUDGET RÉPUBLICAIN

PAR

G. HUBBARD

N° 41. — Prix : **15** cent.; par poste, **20** cent.

PARIS

GERMER-BAILLIÈRE, 108, boulevard St-Germain.

LE BUDGET RÉPUBLICAIN

CHAPITRE PREMIER

Qu'est-ce que le Budget ? — Notre Plan.

Qu'est-ce que le *budget ?*

Matériellement parlant, ce n'est qu'un gros livre tout plein de colonnes, de paragraphes, de guillemets, de titres et de chiffres.

Mais ces colonnes, ces paragraphes, ces guillemets, ces titres et ces chiffres servent à indiquer toutes les causes de dépenses, toutes les sources de recettes qui intéressent le grand être collectif dont nous faisons tous partie, l'État, c'est-à-dire la France elle-même, vivant de sa vie propre et personnelle.

C'est l'*agenda*, c'est-à-dire le livre de comptes de la nation. De même que nous tous, tant que nous sommes, agriculteurs, commerçants, industriels, ou simples chefs de famille, propriétaires, rentiers ou ouvriers, nous sommes obligés de nous rendre compte de nos rentrées et de nos sorties d'argent, et du rapport constant qui existe entre elles ; de même tous les

CHAPITRE II.

Du Budget de la France avant la guerre de 1870.

Voici comment a été réglé le dernier budget de la période impériale, celui de 1869 :

Les dépenses se sont élevées, en chiffres ronds, à . . . . 1,740 millions
Les recettes, à. . . . . 1,798 —

Il y a donc eu, en apparence, un excédant de recettes de 58 millions. Mais cet excédant n'est pas réel. L'empire ne cessait d'emprunter, et, cette même année, 75 millions furent pris sur un emprunt antérieur de 429 millions, pour augmenter les ressources normales des contributions ordinaires. Il y eut donc, en 1869 comme dans les années précédentes, un vrai déficit ; et cela était tellement dans l'usage, que l'ensemble des dettes à la charge du Trésor, représentant les déficits annuels de tous les exercices de la période impériale, s'élevait, en 1870, à la somme de 627 millions portés à la dette flottante, et dont celle-ci paie encore aujourd'hui l'intérêt.

Il importe, pour mieux comprendre l'organisation de notre budget, de décomposer les recettes et les dépenses en catégories peu nombreuses.

Ainsi nous établissons trois catégories seulement pour l'ensemble du budget des dépenses de 1869.

Dans la première, il faut placer tout le service des arrérages des dettes 3 %, 4 1/2 % et 5 %, les intérêts de la dette flottante, les pensions viagères, les remboursements de capitaux et dotations (1).

Dans la deuxième catégorie seront compris tous les services généraux des différents ministères.

Enfin dans la troisième figureront les frais de régie et de perception des impôts, les remboursements, restitutions et non valeurs.

Nous avons alors :

Première catégorie — Dette publique et dotations . . . .   520 millions.

Deuxième catégorie. — Services généraux des différents ministères.   983   —

Troisième catégorie. — Frais de perception, etc.   237   —

Total. . . . 1,740   —

Pratiquons, avec les recettes de 1869, le même système de décomposition par catégories ; on peut les diviser ainsi :

1° Contributions directes et taxes assimilées. . . . *à reporter* . .   339 millions.

---

(1) C'est là que figuraient la liste civile et les dotations du gouvernement impérial : elles coûtaient à la fin 40 millions par an.

Report. . . . 339 millions.

2° Droits de mutations et de circulation (enregistrement et timbre). 457 —

3° Contributions indirectes. . . 771 —

4° Cette quatrième catégorie comprend le produit des forêts et domaines, le prix des services rendus (postes et télégraphes), diverses retenues pour le service des pensions, et le produit de l'Algérie. . . . 156 —

5° Ressources extraordinaires. C'est le produit venant de l'emprunt de 429 millions auquel il était fait tout à l'heure allusion. . . . . . 75 —

Total. . . . 1,798 millions.

Il importe que ces chiffres restent gravés dans tous les esprits.

Chaque citoyen, à côté de son propre agenda, devrait tenir, pour ainsi dire, à jour celui de la nation; car il n'y a rien qui influe sur le bien-être de chacun de nous comme les lois d'impôt, et, quand on arrive à calculer les sommes qu'il faut payer à l'État par le surcroît de prix des objets de consommation journalière, on est frappé de l'importance du prélèvement à opérer sur les salaires ou sur les gains pour le soutien de la chose publique.

La décomposition du budget des recettes doit surtout fixer l'attention.

Il convient d'observer dans quelle proportion entre

chaque source de recettes dans l'ensemble total du budget.

Les contributions directes y entraient, en 1869, pour 19 %.

Les droits de mutation et de circulation, plus importants, s'élevaient à 25 %.

Quant aux contributions indirectes, q i augmentent le prix des objets de consommation, elles atteignaient déjà le chiffre beaucoup plus élevé de 43 %. On sait que ces droits portaient alors sur les boissons, les alcools, les sucres, les poudres, les sels et les tabacs; ce sont ceux qu'on paie avec le prix des choses, sans assignation directe du percepteur.

Dans la 4e catégorie, il y a un élément très-important, celui que l'on pourrait appeler les produits du domaine industriel de l'Etat; jusqu'ici on n'en a pas tenu suffisamment compte. Il comporte tous les revenus que l'Etat peut tirer de ses forêts, de ses domaines et de l'exploitation de services particuliers dont il se réserve le monopole, tels que les postes, les télégraphes. Si demain les chemins de f r appartenant aux grandes Compagnies étaient rachetés par l'Etat, à l'instar de ce qui s'est fait chez les nations voisines, les bénéfices qui en proviendraient figureraient sous ce compte au budget. En 1869, le domaine industriel ne donnait pas encore beaucoup; on peut tout au plus en évaluer l'importance à 9 %. C'est un élément sur lequel il faut avoir les yeux; on y trouverait des ressources pour arriver à diminuer la cherté générale en réduisant le prix des objets de consommation.

Les 4 % restants pour parfaire l'ensemble du budget sont une ressource tout à fait anormale : l'emprunt ne doit jamais servir à assurer l'équilibre du budget.

Voici donc, en définitive, comment l'empire arrivait à compléter l'ensemble de ses recettes annuelles.

Il demandait en 1869 :

19 % aux contributions directes ;

25 % aux droits de mutation et de circulation ;

43 % aux contributions indirectes ;

9 % à l'exploitation de ses domaines et forêts, et des fermes dont l'Etat s'est réservé le monopole ;

4 % à des ressources extraordinaires, à l'emprunt.

100

Quant aux dépenses, tout a déjà été dit sur la manière d'opérer du gouvernement impérial. Sans se préoccuper du fardeau qu'il jetait sur les épaules du pays, il allait de jour en jour accroissant les arrérages de la dette publique et des dotations. On ne cessait d'emprunter, en employant toutes les plus-values des contributions à payer l'intérêt des nouvelles dettes contractées. Il n'y a pas eu moins de 8 grandes opérations d'emprunts en 20 ans ; toutes ont été faites en rentes perpétuelles, en 3 % non susceptible de conversion. La somme des rentes existant en 1852 était de 231 millions de francs ; l'empire à lui seul pendant ses vingt années, indépendamment des dommages qu'il nous a causés par la guerre de 1870, a ajouté 129 millions de rentes. Car la France, en 1869, dut payer déjà 360 millions de francs pour les seuls intérêts de sa dette annuelle consolidée.

A quoi a été employé le capital représenté par cette rente de 129 millions? Une partie à des expéditions comme celles du Mexique et de la Chine, le reste à l'œuvre des chemins de fer, abandonnés tout entiers aux grandes Compagnies sans que l'Etat ait cherché a en tirer le moindre profit pour diminuer le poids des contributions.

L'empire semblait surtout vouloir travailler à accroître la prépondérance continue d'une certaine aristocratie financière et industrielle ; il négligeait de se pourvoir de matériel de guerre, de construire des fortifications, quoiqu'il connût parfaitement les préparatifs belliqueux de nos voisins de l'autre côté du Rhin.

Il semble qu'il n'ait jamais eu d'autre idée que celle-ci : créer des monopoles puissants avec de l'argent emprunté au pays et dont celui-ci paie les intérêts. Point d'autre vue nationale. C'était la même manière de voir que sous Louis XV, alors que les hommes d'Etat n'avaient d'autre devise que celle-ci : *Après nous le déluge.*

CHAPITRE III

De la politique financière de l'Assemblée nationale de 1871.

Le déluge est venu, ce fut la guerre de 1870.

Indépendamment de la perte de nos deux admirables provinces l'Alsace et la Lorraine, les résultats de cette guerre, au point de vue financier, peuvent se résumer ainsi.

Elle nous a coûté 10 milliards d'augmentation au capital de la dette publique.

Et ces 10 *milliards* ne sont pas un chiffre approximatif. C'est la somme totale, effective, réelle que la France a dû prendre à sa charge pour couvrir tous les désastres de 1870.

Il ne faut pas qu'il reste, à cet égard, le moindre doute.

Et d'abord les 3 emprunts de 750 millions, de 2 milliards, puis de 3 milliards émis en 1870, 1871 et 1872 ont coûté en capital 6 *milliards et demi*.

A ces 6 milliards et demi il faut ajouter :

1 *milliard*, 1° Pour le capital des annuités dues pour l'emprunt Morgan ; 2° Pour le rachat des lignes de l'Est concédées à l'Allemagne ; 3° Pour les remboursements aux départements et aux villes néces-

sités par les dommages de la guerre et pour nouveaux frais de casernement,

1 *milliard et demi* prêté par la Banque, en numéraire.

Et enfin 1 *milliard* représentant le capital des pensions militaires et des indemnités aux victimes de la guerre.

Voilà bien les dix milliards signalés.

Comment se sont-ils traduits dans le budget?

Par une simple annotation, dont les conséquences sont terribles, infinies, parce qu'elles condamnent les générations futures à un accroissement d'impôts effrayant, à un labeur immense.

Ce chiffre de la dette publique et des dotations, signalé tout à l'heure, en 1869, comme s'élevant à 520 millions, a été porté pour 1876 (c'est-à-dire dans le dernier budget voté par l'Assemblée nationale) à 1.182 millions. D'un seul bond il a été plus que doublé et le budget des dépenses de la République se trouve ainsi dépasser deux milliards et demi sans qu'on puisse imputer au nouvel ordre de choses la moindre prodigalité.

Voici comment il se présente : au lieu du total de 1.740 millions en 1869, on arrive au chiffre de 2.570 millions se décomposant ainsi :

Dette publique et dotations. . .	1.182 millions.
Services généraux des ministères.	1.120 —
Frais de régie et de perception. .	268 —
Total. . . .	2.570 millions.

Dès lors il devient facile de comprendre comment par le seul fait de nos désastres et de la fatale imprévoyance de l'empire, l'Assemblée nationale de 1871 a eu à résoudre un problème dont il ne faut pas méconnaître la difficulté, mais qu'il convient cependant d'envisager de sang froid.

Pour maintenir l'équilibre du budget, il est devenu nécessaire de créer tout un système de contributions nouvelles pouvant produire annuellement une somme de 662 millions.

Voilà en présence de quelle nécessité on s'est trouvé, et il nous faut voir maintenant sous quelle inspiration a agi l'Assemblée nationale, à quel plan elle s'est arrêtée, et quelles idées générales l'ont dirigée.

Sa décision était de nature à exercer une action irrésistible sur tout le corps social.

Il est évident que toute classe de la société exemptée de cette nouvelle surcharge allait être enrichie proportionnellement.

Toute classe injustement écrasée allait être appauvrie.

Réclamerait-on une part importante à tous ceux qui détiennent la richesse, sous quelque forme qu'elle soit créée?

Allait-on rejeter tout le fardeau sur ceux qui vivent exclusivement du travail, soit agricole, soit commercial, soit manufacturier?

Tel était le problème, et nous avons à rechercher

maintenant comment il a été résolu, en ayant bien soin de nous maintenir dans les grandes lignes.

Il fallait trouver 662 millions.

42 millions ont été d'abord obtenus par l'addition de quelques centimes au principal d'une seule des quatre contributions directes, celle des patentes. Le commerce et l'industrie étaient seuls frappés, non la propriété.

14 millions étaient demandés à des taxes directes sur les voitures, les chevaux, lesbillards et les cercles.

Ces taxes que nous avons appelées de mutation et de circulation, c'est-à-dire l'enregistrement et le timbre, étaient toutes exhaussées, remaniées, tarifées à nouveau de manière à fournir 144 millions.

30 millions étaient demandés à un accroissement arbitraire du tarif des postes et des télégraphes.

32 millions à une taxe toute nouvelle, entrant pour la première fois dans notre système financier et dite impôt 3 % sur le revenu des valeurs mobilières, françaises et étrangères.

Tout le reste, soit 400 millions, devait être exclusivement fourni par les contributions indirectes.

De ces graves modifications il est résulté un grand remaniement du budget des recettes. Celui de 1876, si nous reprenons les catégories que nous avons établies pour celui de 1869, apparaît ainsi décomposé :

Contributions directes, y compris les taxes assimilées et l'impôt des valeurs mobilières. . . . . 442 millions.

Droits de mutation et circulation. . . . . 606 —

Contributions indirectes. . . 1,231 —

Domaines, forêts, services industriels de l'État, retenues pour
pensions civiles, et Algérie, produits divers. . . . . 296 —

Total. . . . . . 2,575 millions.

Et de cette décomposition il résulte que toutes
les proportions que nous avons trouvées dans le budget de 1869 ont été profondément modifiées.

D'abord les contributions directes qui figuraient
pour 19 % dans l'ensemble total des ressources, ne
figurent plus, en 1876, que pour 17 %.

L'enregistrement et le timbre, bien qu'ils aient été
accrus, ne représentent plus que 24 %.

Au contraire, les contributions indirectes qui ne
donnaient que 43 % du budget total, arrivent à fournir à elles seules tout près de la moitié, soit 48 %.

Il ne reste plus que 11 % pour les produits des
domaines agricoles et industriels de l'Etat, et les
nombreuses recettes diverses inscrites au budget.

Que signifie ce changement dans les proportions
des diverses sources de recettes?

Ceci seulement : que l'Assemblée préoccupée d'é-
pargner surtout la richesse acquise, le capital accu-
mulé, n'a touché que légèrement aux droits de mutation et aux revenus mobiliers, se mettant ainsi dans

la nécessité d'élever le prix des objets de consommation et de créer un système de cherté générale.

Ainsi toute la partie de la population qui vit de l'effort journalier, du travail, du salaire, a été particulièrement surchargée. On a ménagé tous ceux qui vivent de rentes, de pensions, d'intérêts, de fermages, de loyers. C'est la consommation qui a été surtout visée ; et, dans la consommation, celle-là seule qui produit de grands résultats au Trésor, la consommation obligatoire.

Eh bien ! Devait-on accepter comme éternelle cette répartition qui est évidemment contraire à la véritable prospérité du pays, au développement des classes laborieuses, à leur bien-être et à l'activité générale des transactions ?

Ou bien devait-on rechercher les moyens de modifier cette répartition et de faire passer une partie du fardeau social sur ceux qui ont été épargnés?

Telle était la question qui se posait en février 1876 lors de l'élection de la Chambre des députés ; telle est celle qui est encore posée aujourd'hui devant le pays.

Aucune n'est plus importante ; car il s'agit de savoir si, dans l'avenir qui s'ouvre devant nous, la prospérité et l'enrichissement seront seulement pour certaines conditions sociales, ou bien si la démocratie française pourra bénéficier elle-même du magnifique essor qu'elle donne aux transactions par son infatigable ardeur au travail.

CHAPITRE IV

**Impulsion donnée par la Chambre des députés de 1876
Essais de réforme fiscale.**

Nous venons de voir quelle a été l'œuvre financière
de l'Assemblée nationale de 1871, de cette Assemblée
qui a fait le 24 mai et ne nous a donné une constitution républicaine que par l'impossibilité où elle s'est
trouvée de faire un choix entre les trois dynasties
auxquelles se rattachaient les divers membres de la
majorité.

Voyons maintenant ce qu'a fait la Chambre républicaine de 1876, et n'oublions point, pour la juger,
qu'elle n'a jamais eu, comme l'Assemblée de 1871,
une autorité souveraine. Elle n'exerçait plus qu'une
fraction du pouvoir législatif ; il lui fallait le partager
avec un Sénat hostile à toutes ses tendances.

Cette Chambre, dès l'ouverture de ses travaux,
réunit dans la commission du budget les plus auto-
risés de ses membres, et leur donna la mission de
réviser l'œuvre financière de l'Assemblée nationale,
et de tracer le programme à suivre pour rentrer dans
la voie républicaine et démocratique.

Le pays tout entier connaît l'histoire de cette

commission dont il a suivi les travaux avec un si constant intérêt.

Présidée par M. Gambetta, par cet illustre citoyen, aussi éminent dans la discussion pratique des affaires que dans les luttes oratoires de la tribune, elle n'a cessé de fonctionner pendant toute l'année 1876 avec un zèle et une activité qui ont fait le désespoir de la réaction ; elle a corrigé de grands abus, elle a semé des germes que l'avenir fécondera.

Il ne m'appartient pas d'en parler avec trop d'éloges, puisque, depuis le premier jour jusqu'au dernier, j'ai été mêlé à tous ses travaux en qualité de secrétaire. Mais ce dont je dois témoigner, parce qu'il m'a été donné de parcourir tous les procès-verbaux des commissions antérieures, c'est que nulle part je n'ai trouvé les traces d'une semblable ardeur au travail, d'une préoccupation aussi constante des vrais intérêts du pays, d'une pénétration aussi intime dans tous les détails pouvant contribuer à la grandeur et à la prospérité de la France.

Il n'y a point eu là de ces vains tournois de paroles où chacun, défendant un système, cherche plutôt à faire briller son savoir et son éloquence qu'à proposer une solution utile. Les questions étaient toutes débattues l'une après l'autre, mais simplement, sans aucun apprêt, et avec l'unique souci d'aboutir promptement à un résultat pratique.

Sans parti pris, sans point de vue systématique, la commission était parvenue, sur presque tous les points de notre législation financière, à se tracer une ligne de conduite bien dessinée pour laquelle elle n'aurait plus qu'à rallier l'opinion publique.

C'est ainsi que l'impôt sur le revenu, la législation des chemins de fer, les rapports avec la banque, le mode des emprunts publics, ont été dans son sein l'objet des études les plus approfondies. Ces études, les circonstances seules ont empêché de les traduire en projets de lois. Chacun de ces projets viendra d'ailleurs à son heure; mais il faut compter avec le temps.

Voilà pour la législation elle-même. Quant à l'action sur l'administration active; ce fut tout autre chose.

Sous la présidence du citoyen infatigable qui dirigeait ses débats, tenant des séances de plus de quatre heures presque tous les jours, siégeant souvent deux fois par jour, la commission du budget est entrée jusque dans les plus petits détails de tous nos services publics. On la vit appeler à sa barre presque tous les fonctionnaires principaux; elle tâchait de leur faire comprendre qu'ils devaient toujours avoir en vue les intérêts généraux du pays et non ceux d'une dynastie; que, sous la République, ils devaient être tous animés d'un nouvel esprit, ne plus tendre à l'exagération continuelle des dépenses, et surtout faire rendre par tous leurs agents, des services proportionnés aux rétributions qu'ils reçoivent de l'Etat.

Expliquer comment ces perpétuels entretiens de la commission du budget avec les chefs des principaux

services avaient peu à peu suscité une ardeur nouvelle dans toute l'administration, serait difficile; il
faudrait exposer toutes les traditions abusives, toutes
les mauvaises pratiques en usage dans les divers
bureaux, ainsi que les excitations et les conseils qui
étaient donnés. Je ne suis pas, d'ailleurs, autorisé à
faire un semblable tableau, et je me garde avec soin
de rien dire qui puisse me faire accuser de manquer
à la prudente réserve que m'impose le poste que j'ai
occupé.

Mais le fait est que, sous cette bienfaisante impulsion, à la fin de l'année 1876, il circulait déjà dans
toutes les grandes administrations comme un souffle
nouveau : les fonctionnaires, mal intentionnés ou seulement négligents, avaient perdu leur quiétude; les
bons, les actifs se réjouissaient. On entrevoyait l'au-
rore d'une nouvelle période où la France sortant de
sa léthargie reprendrait dans toutes les branches le
rang auquel elle a droit.

Hélas! Ce n'a été qu'un éclair.

Au moment où la Commission venait de faire accepter, même par le Sénat, l'idée féconde d'employer
toutes les plus-values des contributions au dégrèvement des taxes de consommation, afin de diminuer la
cherté de la vie ;

Au moment où le plan de réforme fiscale présenté
par M. Gambetta, se discutait dans ses diverses par-
ties ;

Au moment où un ensemble de mesures était déjà

préparé pour supprimer l'impôt de la petite vitesse, les taxes sur les huiles et les savons, pour diminuer le tarif des lettres et des télégrammes ;

Au moment où une enquête préparée sur les chemins de fer, concluait à ce qu'il fût mis un terme aux abus du monopole des grandes compagnies ;

Au moment où des projets de loi étaient étudiés pour combler toutes les lacunes de notre système de canaux, pour donner à l'instruction publique supérieure, secondaire et primaire un développement considérable ;

Au moment où l'administration de la guerre se réformait de haut en bas ;

En ce même moment, sous l'inspiration des mêmes hommes qui, plus tard, devaient faire le 16 mai, il se trama une conspiration contre cette Commission dont le seul crime était de vouloir avec acharnement le bien de la patrie. On l'accusa de dictature, on prétendit qu'elle outrepassait tous ses droits, qu'elle empiétait sur tous les autres pouvoirs, qu'elle absorbait en elle toute l'autorité, qu'elle était en un mot trop envahissante.

Les efforts les plus grands furent tentés pour annuler son action, et pour briser dans ses mains l'influence qu'elle avait conquise par sa seule ardeur au travail.

La Chambre des députés, accusée aujourd'hui d'usurpation, mais en réalité poussant à l'extrême l'esprit de condescendance vis-à-vis des autres pouvoirs, se laissa dépouiller d'une partie de ses prérogatives financières et affaiblit d'autant l'autorité de ses futures commissions du budget.

Mais ce n'était pas assez pour une réaction dont l'audace croissait avec les concessions des républicains, et le désir passionné d'arracher à ces derniers la haute main sur les affaires de finances n'est pas un des moindres mobiles qui ont déterminé le 16 Mai.

Oui, l'avénement du cabinet Broglie-Fourtou peut être considéré comme un effort tenté pour déjouer et arrêter tous les projets de réforme et de suppression d'abus que les députés de la Chambre avaient poursuivis en 1876 avec une infatigable persévérance. On a voulu enrayer cette marche, régulière, sage, entreprise avec ordre et mesure, qui a été qualifiée de radicalisme latent.

Eh bien ! après cela, n'est-il pas évident que le radicalisme latent, n'est autre chose que le progrès dans l'ordre, que la liberté avec l'affermissement de la République. Ses adversaires prouvent par leurs actes qu'ils ne veulent pas de progrès, qu'ils ne veulent pas de liberté. Ils parlent toujours d'ordre, et ce ne sont cependant que des champions déguisés de dynasties vaincues qui ne pourraient revenir que par le désordre, puisque notre Constitution est formellement républicaine.

CHAPITRE V

De la politique financière de la future majorité républicaine.

Nous voici arrivés au moment où il ne reste plus qu'à développer les principes généraux qui paraissent appelés à présider aux décisions de la prochaine Chambre républicaine.

Et d'abord, pour commencer par le budget des dépenses, elle doit éviter d'accroître le chiffre de la dette publique. 1,200 millions à payer pour intérêts de la dette, dette viagère, remboursements et dotations avant de pouvoir consacrer un centime aux services des différents ministères; c'est un chiffre colossal. Il ne manque pas de banquiers intéressés qui poussent tous les jours à l'émission de nouveaux emprunts. Ces gens se soucient très-peu de la cherté de la vie; ce qu'il leur faut, c'est le mouvement des capitaux. Que leur importent le taux du salaire et la part que l'État en réclame pour les besoins du fisc? Ils ne cherchent leurs bénéfices que dans l'agiotage.

On ne doit jamais oublier que toute émission nouvelle d'emprunt public, c'est un nouvel impôt en perspective.

Comment croire à cette richesse fantastique qu'on fait miroiter devant les yeux du public quand on dit que l'emprunt de 3 milliards a été souscrit quinze fois, et que la France eût été en mesure de payer 45 milliards. Le chiffre gigantesque de cette souscription est en grande partie fictif, par la raison qu'un grand nombre de souscripteurs, s'attendant à une forte réduction de leurs demandes, en avaient enflé le montant; il signifie d'ailleurs, d'un autre côté, qu'il y avait un très-grand nombre de spéculateurs et d'agioteurs cosmopolites disposés à prendre quelque temps sous leur responsabilité les titres de l'emprunt, pour attendre le preneur définitif disposé à les garder.

Le moment est aussi venu de convertir (1) tous les fonds publics qui sont à un taux suffisamment élevé au-dessus du pair : il peut y avoir là un allégement important à la dette publique, et il n'est pas probable, si les cours actuels se maintiennent, que la prochaine majorité ne puisse en assurer les bénéfices au pays.

D'une manière plus générale, elle doit tendre aussi à ce que dans les emprunts publics, on cesse de mettre à la charge de l'État des rentes perpétuelles. Depuis longtemps, dans les transactions entre particuliers, les constitutions de rentes perpétuelles ont cessé d'être en usage. C'est un genre d'engagement qui a ceci d'ini-

---

(1) La conversion n'est autre chose que le choix offert par l'État à ses débiteurs entre le remboursement du capital nominal ou une reduction de l'intérêt.

que, qu'il permet aux générations actuelles d'absorber des capitaux en en laissant peser le fardeau sur les générations futures. Les compagnies industrielles ne trouvent-elles pas tous les jours l'argent dont elles ont besoin au moyen d'obligations remboursables dans une période déterminée? Elles ont bien soin de ne pas se charger d'une rente perpétuelle. Pourquoi donc l'Etat ne ferait-il pas ce que les compagnies font avec tant de profit? Que n'emprunte-t-il, désormais, comme on le fait déjà en Angleterre? Chaque génération doit se mettre volontairement dans la nécessité de rembourser elle-même ce qu'elle dépense. On n'est pas entraîné à des prodigalités irréfléchies, quand on ne se croit pas autorisé à reporter sur ses successeurs un fardeau dont on ne voudrait pas pour soi-même.

Sur les 1,200 millions de dette, il y en a 150 qui cesseront d'être dus dans deux ans. Ce sont les capitaux prêtés par la Banque qui lui auront été alors intégralement remboursés. On a pu espérer quelque temps que cette somme considérable pourrait être consacrée au dégrèvement; mais cette espérance doit aujourd'hui être abandonnée. C'est en escomptant cette somme pour les années postérieures à 1880 que l'Etat s'est mis en mesure de renouveler notre matériel de guerre, de refaire nos fortifications, d'assurer nos approvisionnements pour le jour de la mobilisation. La Banque remboursée, il faudra faire face au compte de liquidation. Il y a là un intérêt si majeur que nous n'exprimons aucun regret : mais ce qui est d'une nécessité absolue, c'est que l'emploi de toutes ces sommes soit surveillé avec le plus grand soin. Nous consentons à payer la prime pour garantir notre indépendance et éviter le retour des désastres de 1870, mais il faut tenir la main à ce que l'assurance soit bien effective.

Parmi les éléments qui constituent les 1,200 millions, la dette viagère figure pour un chiffre important. Ce chiffre va grandissant tous les ans d'une manière inquiétante. Or, cela provient des prescriptions établies dans la loi de 1853 sur les pensions des fonctionnaires civils. Il est de fait que cette loi votée à l'origine de l'empire, a été bien plutôt conçue à l'avantage des fonctionnaires que pour le bien de l'État. Le chiffre de la pension s'élève tout-à-coup à la fin de la carrière du fonctionnaire par cela seul qu'il parvient à occuper un instant les postes les plus élevés de l'échelle hiérarchique. Aussi, qu'arrive-t-il?

On s'arrange, dans les administrations, pour que chacun arrive, à son tour, à atteindre le poste le plus rétribué; on se fait la courte-échelle. L'État seul en souffre; les fonctions les plus importantes sont occupées par des hommes qui n'y restent que trop peu de temps et n'ont qu'une préoccupation, atteindre le jour de leur retraite avec le chiffre de pension le plus élevé possible.

Ces inconvénients sont vivement sentis, et le Conseil d'État a proposé un projet de loi qui serait beaucoup plus favorable aux intérêts généraux du pays;

mais les fonctionnaires résistent, et ce n'est pas avec des cabinets comme celui du 16 mai qu'on parviendra à vaincre cette résistance. Il faut, pour cela, une majorité républicaine très-ferme et très-sensée ; si elle n'intervient pas, on verra incessamment croître le montant de la dette viagère.

Je me résume. Opposition acharnée à toute augmentation de la dette publique qui ne serait pas d'une absolue nécessité, et, dans ce dernier cas, substitution aux rentes perpétuelles d'obligations amortissables dans des périodes déterminées, conversion du 5 %, achèvement du remboursement à la Banque de France, surveillance assidue des 150 millions consacrés au compte de liquidation, révision de la loi de 1853 sur les pensions civiles, voilà la ligne à suivre en ce qui concerne la partie du budget des dépenses relative à la dette et aux dotations. Le programme a été tracé par la commission de 1876, et il n'y a pas à en dévier, si l'on veut préparer la grandeur et le salut de la France.

Je passe sous silence les frais de perception : ils se sont accrus de 31 millions dans ces dernières années ; mais comme les recettes se sont élevées de 662 millions, il est facile de comprendre que ces nouveaux recouvrements ne peuvent s'effectuer sans quelque augmentation de frais.

J'arrive aux dépenses des divers ministères. Ici, la tâche a été si bien entamée par la Chambre de 1876, qu'il n'y a plus qu'à persévérer dans la voie où elle est entrée. Les rapports des membres de la commission de 1876 constatent, pour chaque ministère, les améliorations à entreprendre et les abus à détruire.

Il ne faut point s'effrayer de l'importance des sommes consacrées à tel ou tel service public. Cela n'est rien, quand il y a réellement effort accompli et service rendu, et quand il y a une proportion constante entre la rétribution accordée au fonctionnaire et le service rendu.

C'est parce que cette proportion n'existait plus en 1870 que nous avons été vaincus.

Le budget de l'État était devenu un arbre gigantesque rongé de haut en bas par des parasites vivant à ses dépens.

Voyez-vous d'ici cette masse de fonctionnaires qui ne cherchaient qu'à s'élever par l'intrigue, puis à se faire oublier dans le trou qu'il s'étaient creusé ! Croyez-vous qu'aucun d'eux se demandât d'où venait cet argent qu'on lui remettait tous les mois pour remplir des fonctions souvent illusoires, qui ne servaient qu'à entretenir dans la nation des prétentions maladives à l'oisiveté ? Croyez-vous qu'ils calculassent combien de gens avaient sué et pâti une année entière pour porter au percepteur ce tribut qu'ils dévoraient à belles dents ?

Non : émarger sans mot dire, faire la cour à tous les ministres qui se succédaient, ramper devant le chef de l'État, telle était leur seule ambition. Mais la chose publique, le bien de la patrie, la fonction bien remplie, l'amélioration des services : de tout cela il n'était plus question ! Honni fut quiconque avait l'audace d'y penser.

Eh bien ! c'est contre ces déplorables sentiments que la commission du budget de 1876 a surtout réagi, et, en cela, elle a rendu le plus grand des services à la France ; elle a cherché à imposer partout un nouvel esprit ; dédaignant les préjugés ridicules sous lesquels s'abritent tous les abus, elle a cherché à substituer partout le travail réel à l'intrigue et, à la faveur le service rendu aux recommandations banales, l'économie des ressorts à la multiplication des places.

On ne saurait s'imaginer combien, depuis les funestes jours de l'empire, l'usage a été adopté, dans les bureaux des ministères, de vivre à l'état d'hostilité permanente vis-à-vis les commissions du budget, c'est-à-dire, en somme, vis-à-vis le Parlement, les contribuables et le corps électoral. Chaque fois que les députés réclament une économie, on feint de s'y soumettre le premier jour ; le lendemain, sous une forme ou sous une autre, on voit reparaître une demande de subside qui compense et souvent dépasse la réduction précédemment votée.

C'est cependant par ces économies de détail qu'il faut procéder ; car, pour ce qui concerne les grandes économies, il n'y aurait qu'un moyen de les entreprendre, et, nous le disons à regret, l'opinion ne semble pas encore préparée à cette réforme.

Ce moyen, ce serait le remaniemeut des circonscriptions administratives.

Depuis la construction des chemins de fer et l'établissement des lignes télégraphiques, les relations sociales se sont beaucoup modifiées en France. Les déplacements de personnes n'exigent plus la perte de tant de journées de travail. Aussi des rouages autrefois nécessaires sont-ils maintenant de véritables superfétations. Nul doute que si les hommes qui ont fait les divisions territoriales de 1790 avaient aujourd'hui la même œuvre à entreprendre, ils la concevraient sur des bases toutes différentes. Sur 276 arrondissements, il y en a 93 qui n'ont pas plus de 20,000 à 80,000 habitants.

Comment comprendre que, pour ces arrondissements, il faille aujourd'hui une sous-préfecture, un tribunal civil, une recette particulière?

Pour moi, je considère qu'il n'y a plus aucune proportion entre le mécanisme administratif et les moyens nouveaux que les progrès de la science et de l'industrie permettent d'employer. La France me fait l'effet de ces malheureux fabricants qui continuent à se servir de métiers et de procédés anciens, alors que leurs concurrents emploient des machines perfectionnées qui économisent beaucoup de main-d'œuvre.

En réduisant le nombre des circonscriptions, on ferait des économies réelles, on supprimerait beaucoup de forces perdues, on diminuerait le nombre de ces inutilités, toujours chères, quelquefois oisives, souvent tracassières, qui vivent aux dépens de la société française.

Mais ces idées n'ont pas encore fait leur chemin ; le vote par arrondissement n'en facilite pas le triomphe. C'est à l'opinion publique à s'en emparer.

Quant à la prochaine majorité, elle peut encore faire beaucoup, en achevant l'œuvre commencée par la commission du budget de 1876.

Un exemple permettra de juger du bien qu'on peut faire dans cette direction. Le rapporteur du ministère de la guerre, M. le colonel Langlois, a pu, en une seule année, découvrir les moyens d'économiser 18 millions, sans toucher à rien d'essentiel, seulement en supprimant des abus. Et ces 18 millions ont pu être consacrés en partie à pourvoir le service de l'instruction publique qui n'était pas suffisamment doté.

Ce sont là de ces bienfaits modestes qui servent bien autrement la grandeur du pays que ces vaines pompes d'apparat belliqueux par lesquelles les monarchies cherchent à troubler les imaginations.

Après avoir examiné le budget des dépenses, passons maintenant aux recettes.

On a déjà vu qu'ici un abîme sépare le point de vue qui a dominé dans l'Assemblée nationale de 1871 et celui qui a dirigé la Chambre des députés de 1876.

La première, chargée de répartir le fardeau des 662 millions n'a rien imaginé de mieux que d'augmenter le prix des objets de consommation, par suite, d'accroître la cherté de la vie, et de faire porter sur ceux qui vivent du travail le poids des impôts.

La seconde, au contraire, a prononcé hardiment le mot de dégrèvement nécessaire, et a commencé par en poser les principes en diminuant l'impôt sur le sel.

Après le sel, devaient venir la suppression de l'impôt sur la petite vitesse, sur les huiles et sur les savons, puis les réformes postale et téléégraphique.

Telle était la politique financière de la Chambre des députés de 1876, et il faut croire qu'elle était bien conforme aux aspirations du pays, car bien qu'elle ait été combattue avec acharnement par les hommes du 16 mai dans les commissions du Sénat, nous avons vu le président de la République chercher à s'y associer dans un récent discours prononcé à Bordeaux.

Nous avons pris acte de cette promesse faite à la veille des élections; mais pouvons-nous oublier que ces hommes, qui prononcent aujourd'hui le mot de dégrèvement, se sont opposés avec ardeur aux propositions, même les plus timides, de M. Léon Say ?

Ce n'est pas seulement la réduction des taxes de consommation, la diminution de la cherté générale, que poursuivait la Chambre de 1876. Elle s'inquiétait encore d'atteindre un autre but, elle tendait à une réforme fiscale.

Le pays tout entier a pris connaissance du plan général présenté à ce sujet par M. Gambetta, président de la commission du budget. Ce plan touche à nos quatre contributions directes ; il tend à ce qu'elles soient remaniées, non pas, comme l'ont prétendu des adversaires de mauvaise foi, pour qu'elles soient augmentées d'une façon inquiétante, mais, au contraire, pour assurer de plus en plus la proportionnalité exacte de l'impôt aux facultés de chaque citoyen.

Il s'en faut de beaucoup que sur ce point notre système actuel soit très-perfectionné ; il révèle, au contraire, un empirisme déplorable.

Il n'y a presque plus de pays civilisé où l'homme jouissant d'un revenu considérable puisse échapper au payement d'une charge annuelle proportionnelle à ce revenu. L'Angleterre a son *income-tax.* L'impôt sur le revenu est organisé en Prusse et en Italie ; il s'organise en ce moment en Autriche. Nous seuls, nous gardons un système qui laisse échapper aux réclamations de l'Etat des sources importantes de richesse, au détriment de tous ceux qui vivent du travail.

Le plan de M. Gambetta n'a pas la prétention de rien résoudre brutalement ; il pose les problèmes, et laisse au Parlement, à l'opinion publique, le soin de les résoudre. Il ne contient absolument rien d'inquiétant pour l'impôt foncier ; il ne demande qu'une chose en ce qui le concerne, c'est qu'on sépare le revenu dés terres du revenu des propriétés bâties. Les terres payent déjà aujourd'hui d'après leur revenu, bien ou mal calculé ; ce n'est donc pas de ce côté que porte surtout la réforme. C'est le revenu des maisons qui est partout fort mal établi ; ce sont les rentes qui ne payent pas ; ce sont les pensions viagères qui sont exemptées ; c'est la patente du commerçant qui n'est point en rapport avec ses bénéfices réels. Voilà ce que la réforme fiscale veut atteindre, afin de pouvoir diminuer les taxes de consommation ; et, quoique les problèmes n'aient pas encore été résolus, ce sera la gloire de la Chambre de 1876 de les avoir posés devant le pays.

Quelle serait la conséquence de ce plan ?

Ce serait de permettre d'abaisser le prix de certains objets de consommation, de diminuer la cherté des prix, et par suite d'améliorer le sort de tous ceux qui vivent du travail.

Voilà quelles en sont les tendances ; et ses adversaires ne s'y sont pas trompés. L'hostilité qu'ils ont montrée prouve bien qu'il s'agissait là d'une série d'institutions susceptibles de favoriser le développement de notre démocratie laborieuse.

Rien de plus démocratique, rien de plus républicain que de chercher à assurer la proportionnalité exacte de l'impôt au revenu de chaque citoyen.

Ainsi, en ce qui concerne le budget des recettes, le programme de la prochaine majorité est tout tracé. Il peut se résumer ainsi :

Dégrèvement graduel des taxes de consommation,

en consacrant à cet objet toutes les plus-values des budgets ;

Refonte de nos quatre contributions directes, sans toucher à l'impôt foncier, de manière à assurer une proportionnalité plus exacte de l'impôt aux facultés de chaque citoyen, et à atteindre toutes les sources de richesses qui aujourd'hui ne contribuent pas aux charges sociales.

Voilà donc l'esprit qui a animé cette majorité des 363, si injustement accusée de stérilité et d'impuissance en matière financière.

C'est au corps électoral qu'il appartient maintenant de la juger.

Pour nous, son verdict est déjà formulé.

C'est celui déjà rendu par M. Jules Grévy :

Les 363 ont bien mérité de la France et de la République !

Paris. — Imp. Moderne (Barthier, d^r), r. J.-J. Rousseau, 61

TITRES DES NOUVELLES BROCHURES
et conditions de propagande

24. **Le Cléricalisme condamné par la Chambre des députés.** — *Discours de MM. Leblond et Gambetta.* (Séances des 3 et 4 mai 1877.)
25. **Discours de M. Gambetta sur le renvoi du ministère.** (Séance du 17 mai 1877.)
26. **Discours de M. Gambetta** prononcé à Abbeville, le 10 juin 1877. **Interpellation au ministère du 16 mai.** — Trois brochures de soixante-quatre pages :
27. Première brochure : *Discours de MM. Bethmont et Gambetta.* (Séance du 16 juin 1877);
28. Deuxième brochure : *Discours de MM. J. Ferry, A. Proust et L. Blanc.* (Séances des 18 et 19 juin 1877); Liste des 363; — Manifeste des gauches; — Extraits des lois électorales;
29. Troisième brochure : *Discours de MM. L. Renault et H. de Choiseul.* (Séance du 19 juin 1877); — Liste des 363; — Manifeste des gauches.
30. **La République c'est la paix, la Monarchie c'est la guerre,** par un Alsacien.
31. **Le Ministère et les 363,** par G. Levavasseur, ancien député de l'Oise, l'un des 363.
32. **Les Traîtres,** par Jacquillou.
33. **Première lettre aux paysans,** par le même.
34. **Deuxième lettre aux paysans,** par Jacquillou.
35. **Les Élections de 1877 : Hier, aujourd'hui, demain,** par H. Martin, sénateur.
36. **Le Gouvernement des Curés,** par Ad. Michel.
37. **La République ou le Gâchis,** par L. Reinach.
38. **La Vérité sur le 16 Mai,** par Laserve, sénateur,

Petite brochure de quatre pages :

N° 1. **Réflexions d'un paysan conservateur.**

CONDITIONS DE PROPAGANDE :

Almanach, l'exemplaire, 50 c., le cent, 40 fr., le mille, 300 **fr.**
Collection à 5 centimes, le cent, 4 fr. — le mille, 30 fr.

| — | 10 | — | 8 | — | 60 |
| — | 15 | — | 10 | — | 90 |

Petite brochure de quatre pages : le cent, 2 fr.; le mille, 10 fr.;
les dix mille, 60 fr.

Le port en sus

Paris. — Imprimerie Moderne (Barthier, d'), rue J.-J. Rousseau, 61.